[illegible]

SUR CETTE QUESTION

Le Juif françois doit-il être soumis à prêter le serment more judaïco ?

> Je veux qu'aucun privilège ne guide ótre jugoré ;
> que l'esprit et les dispositions de cette Charte,
> nous régissent toujours, ne soient jamais méconnues.
> (Le Roi ; session de 1817 ; Discours d'ouverture.)

A NISMES,

Chez GAUDE, Imprimeur de la Cour royale, boulevart Saint Antoine.

1827.

COUR ROYALE
DE NISMES.

Ire CHAMBRE.

Audiences des 1er, 2 et 7 juin 1827.

PRÉSENS
MM.

CASSAIGNOLLES
premier Président.
THOUREL, Président.
FARGEON,
DUPIN,
VIGNOLLES,
REDIER-DE-LA-VILLATTE,
ROUSSELIER, Conseillers;
Conseiller-Audit.^{re}
DE LA BAUME,
Avocat Général.

SECOND PLAIDOYER

SUR CETTE QUESTION :

Le Juif français doit-il être soumis à prêter le serment more judaico ?

M. CRÉMIEUX, avocat, a dit :

MESSIEURS,

Une question qui se rattache aux plus hautes questions du droit public des Français, appelle de nouveau votre attention et mes efforts ; c'est à la fois mon opinion et votre ouvrage que je viens défendre. Je veux prouver qu'un Français Israélite ne peut être soumis au serment *more judaico* ; que nos lois nouvelles, en consacrant l'égalité de tous les droits, la liberté de tous les cultes, ne permettent plus cette exception au droit commun, cette inquisition des opinions religieuses. Je serai favorablement écouté, MESSIEURS, parce que je soutiens une doctrine qui tend à consolider nos institutions et cette Charte, que chaque nouvel orage appelle comme une boussole, que chaque nouvelle crainte indique comme un refuge, que chaque liberté menacée invoque comme un appui. Ne nous plaignons pas de ces discussions : elles sont dignes de la solennité de vos audiences ; elles donnent à l'avocat le moyen de proclamer des vérités encore méconnues, dont le temps amènera le triomphe, et au magistrat l'occasion de déployer cette admirable indépendance de la justice, dont nous voyons aujourd'hui de si nobles exemples.

Le titre de citoyen Romain fut long-temps le premier titre du monde : sollicité d'abord comme un bienfait, réclamé plus tard comme un droit, arraché enfin comme une conquête, il inspira toujours une juste fierté, et le romain méconnu se relevait avec orgueil et s'écriait : *Civis Romanus sum.* Un peuple, proscrit et persécuté pendant dix-huit siècles, recouvre enfin sa dignité, toutes les nations le dégradaient comme à l'envi ; la France lui tendit les bras, elle le reçut dans son sein, elle l'adopta ; les Juifs sont les fils de la France, vous concevrez qu'ils soient fiers du titre de citoyen Français, et qu'ils en réclament tous les avantages. Ils ont, depuis trente-six ans, partagé tous vos périls, toutes vos peines, tous vos malheurs, souffrez qu'ils entrent enfin dans le partage de tous vos droits ; ils ont, depuis trente-six ans, conquis avec vous sur les champs de bataille les lauriers d'Arcole et des Pyramides, d'Austerlitz et de Friedland ; permettez-leur de jouir avec vous pendant la paix, des conquêtes non moins glorieuses des lumières et de la philosophie.

Honneur à l'assemblée qui, la première, fit entendre ces mots : Égalité des droits, liberté des cultes ! Quelles que soient les fautes où l'égara l'enthousiasme de la liberté naissante, il lui restera toujours l'impérissable gloire d'avoir jeté les fondemens de l'édifice ; elle le plaça sur des bases inébranlables, et qui ont résisté à l'entraînement de l'assemblée législative, aux fureurs de la convention, au brillant servage de l'empire. Un esprit sage, un Roi philosophe, instruit à l'école de l'adversité, voulut consacrer ses droits au trône en légitimant les droits acquis ; un esprit éminemment religieux, un Roi d'une piété rare, a juré le maintien de cette Charte que son frère appelait son plus bel ouvrage ; je demande aujourd'hui , au nom de quatre cent mille Français , l'exécution du pacte donné par un Roi , accepté par son peuple , et salué naguères par les acclamations du prince et des citoyens ; j'en demande l'exécution à des magistrats , chargés de le maintenir , et qui ont juré de l'observer : tout se réunit donc pour m'inspirer une juste confiance.

Je ne me dissimule pourtant pas, MESSIEURS, que votre premier arrêt n'a pas obtenu tous les suffrages. S'il ne fallait, pour l'apprécier, que la droiture de l'esprit, que la sagesse des intentions, que le désir du bien, je connais quelques hommes qu'il n'a pas convertis, et qui se seraient empressés d'en adopter les principes : mais, disons-le hautement, il faut vaincre des préjugés établis avant nous, que nous avons sucés avec le lait, que nous avons trouvés, lorsque le monde s'est ouvert à nos jeunes imaginations, et qui se maintiennent parce que le mal est prompt à s'enraciner, et que le bien est lent à se répandre. Il faut aussi joindre , à l'examen réfléchi de l'histoire du passé, la connaissance bien plus difficile encore du temps où nous vivons , faire la part des hommes et des choses , et aller chercher la pensée du législateur dans les circonstances qui dictèrent la loi, et dans les motifs qui le dirigèrent.

Eh bien ! que l'on écoute avec soin une discussion présentée avec énergie , parce qu'elle touche aux intérêts et à l'honneur d'un grand nombre ; avec bonne foi, parce qu'il ne s'agit pas d'arracher une faveur, mais de faire proclamer un principe, et que l'on nous dise ensuite si vous pourriez appeler *doctrine de l'égalité devant la loi* celle qui met entre vous et moi une différence dans l'exécution de la loi ; si vous pourriez appeler *doctrine de la liberté des cultes* celle qui porte le trouble dans mes idées religieuses et veut tyranniser ma conscience.

MESSIEURS, la persécution contre les Juifs était une honte dont la France a lavé l'humanité. Le temps marche, et les idées généreuses se font jour de toute part. Voilà cent cinquante ans que Louvois écrivait : « Le Roi veut que tous ses sujets soient » forcés à suivre la religion catholique ; que l'on oblige les dis- » sidens à se convertir ; ceux qui par une fausse gloire voudraient » être les derniers, doivent être réduits par tous les moyens. » Voilà quatre-vingts ans que les Juifs offraient inutilement plusieurs millions à la monarchie en détresse, pour obtenir la liberté de vivre à Paris. Aujourd'hui l'histoire a enregistré dans ses pages ré- probatrices la fatale révocation de l'édit de Nantes, et la bourse des Juifs ne s'ouvre, comme celle de tous les autres citoyens, que pour acquitter un budget légalement discuté. Qui donc ose encore pré- tendre que les cérémonies superstitieuses des siècles, où chacune de nos idées actuelles était une rebellion, doivent subsister de nos jours ? permettez-moi de le dire : Un Juif paraissant dans cette enceinte, son chapeau sur la tête, sa bible à la main, son rabin près de lui, me représente un de ces vieux portraits que l'on trouve quelquefois dans nos salons modernes : c'est un souvenir du temps passé.

Le tribunal d'Uzès a pensé qu'il devait conserver un antique usage. Démontrons son erreur.

Aucun fait important ne se rattache à la question que vous devez juger. Un Français, né dans la religion Juive, réclame l'exécution d'un titre contre les héritiers d'un de ses débiteurs. On lui oppose, sans aucune preuve, que le titre est simulé ; on s'en remet, parce qu'il le faut bien, à son serment, le créancier l'acepte, mais on veut qu'il le prête *more judaico*. Voici les motifs du jugement :

Ici l'avocat lit les motifs, et fait surtout remarquer les suivans :

« Attendu que le serment est mis au nombre des preuves ; » et que la partie qui le prête, devenue juge dans sa propre » cause, donne elle-même à sa décision l'autorité de la chose » jugée, qu'il est dès-lors naturel que celle qui le défère ou

(5)

» le juge qui l'ordonne , veuille l'entourer de toutes les solennités
» propres à le rendre digne de foi, etc.

« Attendu que rien n'empêcherait le juge de soumettre un Chré-
» tien catholique à prêter serment sur les saints évangiles , etc. » (1)

Une première réflexion qui vous aura sans doute frappé comme
nous, Messieurs, reprend l'avocat, c'est que le tribunal a commencé
par des principes complètement étrangers à la cause ; il a parlé de
l'autorité de la chose jugée que la partie donne elle-même à son serment, comme s'il n'existait pas déjà une preuve légale et certaine
de l'obligation dans le titre même. Si le débiteur n'eût pas déféré
le serment, il était condamné ; il le défère, c'est un avantage
qui lui est accordé contre le titre, et le tribunal fait des rai-
sonnemens à perte de vue sur l'autorité d'un serment qui ne
serait pas même nécessaire pour établir la créance. Supposons
un créancier qui, porteur d'un titre, consentît à s'en remettre,
pour sa validité, au serment du débiteur, je concevrais, sans l'ap-
prouver, l'opinion de ceux qui voudraient donner au créancier
le droit de déterminer la forme du serment libératoire; mais
qu'un débiteur, pour échapper à un titre qui l'oblige, veuille
lui-même imposer telle formalité, telle cérémonie dans le serment
qu'il défère à son créancier, c'est-à-dire qu'il le place dans l'alter-
native de perdre sa créance ou de se résigner à un acte que
ses opinions religieuses repoussent ; voilà, Messieurs, un phéno-
mène en jurisprudence. Je suis moins surpris des étranges
erreurs que je vais combattre, lorsque je trouve d'abord une
pareille erreur à détruire. Remarquez bien, en effet, que l'appelant est créancier, qu'il a le titre exécutoire ; que c'est le débiteur qui, sous le vain prétexte d'une fraude dont son père
eût été complice, réclame le serment contre l'obligation ; et c'est

---

(1) Les autres motifs sont le résumé de tous les arrêts intervenus
sur cette question.

lui qui veut un serment particulier , avec telle forme qu'il ordonne , sinon , point de payement ! La méthode est ingénieuse.

« Mais , dit-il, pourquoi vous plaindre ? La loi m'autorise à
» vous déférer le serment, je le réclame ; elle n'en trace pas la
» forme, je demande celle qui est spéciale au culte que vous
» suivez ; comment pourriez-vous en être surpris? »

C'est ici le procès, MESSIEURS ; c'est la prétention que le tribunal a consacrée : ma tâche est de prouver le mal jugé ; veuillez
me suivre dans les quatre propositions que j'espère démontrer,
et qui justifient notre appel.

Je veux prouver 1.º que la loi a prescrit la forme du serment ;
que l'usage supléerait d'ailleurs au silence de la loi ;

2.º Que soumettre un citoyen Français à une forme de serment,
qui n'est pas la même pour tous , c'est violer l'égalité ;

3.º Que soumettre un citoyen Français à une *forme religieuse*
de serment, c'est violer la liberté des cultes.

4.º Enfin, que les tribunaux sont sans pouvoir pour ordonner
un pareil serment.

Dans ces quatre propositions viendront se placer tous les
argumens présentés en faveur de la doctrine que je combats.

§. I.er

La loi a prescrit la forme du serment ; l'usage suppléerait d'ailleurs au silence de la loi.

L'influence réciproque de la loi civile sur la loi criminelle et
de la loi criminelle sur la loi civile est incontestable : l'une et
l'autre se prêtent un mutuel appui. Qu'entend-on par loi ? une
règle fixée par les pouvoirs compétens et qui oblige tous les
citoyens. Lorsque toutes les règles ainsi fixées concordent entre

elles, que l'une n'entrave pas l'autre, on dit que le peuple a une bonne législation : la réunion de toutes ces règles forme pour une nation son droit, *son corps de lois*; *sa loi*. Cela est vrai surtout dans l'état actuel de la législation qui nous régit, nos cinq codes n'en font qu'un. Le magistrat, obligé de prononcer, même dans le silence d'une loi spéciale, étudie également tous nos codes; il les combine entre eux, il cherche dans l'économie de toute la législation, dans le rapprochement de chaque partie, le motif qui doit le déterminer ; ce n'est que dans le cas où toutes nos lois sont muettes, qu'il interroge sa propre sagesse. La loi criminelle, la loi civile, la loi pénale, tout cela est la loi Française, la loi qui régit l'association du peuple Français. Ainsi dans la cause actuelle, le juge qui admet au serment ou qui l'ordonne, cherchera dans toutes nos lois si la forme n'a pas été déterminée. Ne trouve-t-il rien qui le guide? Il aura recours à son propre savoir. Trouve t-il au contraire une disposition écrite? il ne substituera pas sa volonté à la loi dont il se glorifie d'être l'esclave. Ceux, donc, qui nous disent : la loi civile n'a pas de disposition spéciale sur la forme du serment, n'ont rien dit, si un de nos codes fixe cette forme. Si ce que j'avance ne paraît pas assez démontré, qu'on attende quelques instans encore. Dans le corps de nos lois, il en est une qui prévoit un serment de la plus grande solennité; elle va remettre la vie d'un citoyen à douze citoyens ; elle exige un serment, elle en trace la forme : *Chaque juré lèvera la main, et dira*: je le jure. Comment soutenir que la forme du serment n'est pas fixée par la loi? Remarquez, je vous prie, combien ce système de nos adversaires est futile : ils se refusent à prendre dans notre loi criminelle la forme du serment, et c'est dans le Digeste qu'ils vont chercher le prétendu pouvoir dont ils vous enrichissent, et qui vous permettrait de fixer à votre gré ce que vous trouvez dans un code en vigueur. Il est encore une règle de droit qui a la force d'un axiôme : *Ubi eadem ratio, idem jus*; nos adversaires la foulent aux pieds. Pour affirmer qu'un homme est ou n'est pas coupable, la loi veut que vous prêtiez serment ; dans quel but ? elle veut engager votre conscience. Pour affirmer que telle obligation est sincère ou ne l'est pas, la loi veut que vous prêtiez serment ; dans quel but ? elle veut engager votre conscience. Il y a donc parité de motif. Si , dans le premier cas , elle ordonne de lever la main , comment se soustraire à cet ordre dans le second ? Pourquoi même supposer dans la loi cette incertitude , cette versatilité dans un acte aussi important ? Elle a prononcé pour le juré, il faut obéir : elle n'a pas tracé la forme pour une partie en cause, le juge est le maître ! Conçoit-on que des arrêts aient consacré cette prétention , qu'on ait ainsi anéanti l'une des règles les plus raisonnables du droit ? Et que d'argumens réfutent cette doctrine ! Laissez-moi, Messieurs , la suivre dans quelques-unes de ses conséquences. Si la loi ne doit pas étre étendue d'un cas à un autre , il faut effacer des devoirs du magistrat l'interprétation de l'obscurité ou de l'insuffisance de la loi, il faut une loi spéciale pour chaque objet. Mais alors le juré lévera la main , que fera le témoin ? Le code d'instruction criminelle n'a pas tracé la forme. Cependant le juge sera-t-il le maître ? Non , l'on en convient. On croit échapper en ajoutant que le témoin dépose *au criminel*, et qu'il est tout simple que le code d'instruction criminelle règle tous les cas analogues. Mais l'argument est sans résultat ; car , en matière civile , les témoins lèvent la main, et le code civil n'a pourtant pas déterminé cette forme. C'est qu'il y a toujours parité de raison , et qu'une disposition de loi s'applique à tous les cas analogues ; et, je le demande, est-il rien de plus analogue, de plus identique que le serment d'un juré, le serment d'un témoin, le serment d'une partie ? c'est-à-dire est-il rien qui ressemble plus à un serment qu'un serment ? tous ne se réduisent-ils pas à l'affirmation d'une chose comme vraie ? Et chez quel peuple , Messieurs, se fait-on scrupule de consulter une loi évidemment

applicable et d'un usage habituel ? chez un peuple qui , écrasé
sous le poids de plus de quarante mille lois, en voit de temps
en temps ressusciter , qu'il avait complètement oubliées, et dont on
fait l'application soudaine. Cette facilité d'une part à ressaisir des lois
ensevelies dans la tombe, cette hésitation de l'autre à appliquer une
loi vivante , n'est pas le trait le moins caractéristique de notre
époque. Vous le savez, Messieurs, après quarante ans de vicissi-
tudes, la fixité manque encore à notre législation Dans un immense
arsenal se trouve , avec plusieurs lois remarquables , une innombrable
quantité de décisions de toute espèce que l'on réveille au besoin.
Quelle main puissante fera sortir la lumière de ce cahos ? quels
ministres voudront attacher leurs noms à ce grand ouvrage, et
licencier enfin *cette armée si peu nationale* d'arrêtés , de résolu-
tions , de lois , de décrets qui n'existent qu'au grand détriment
de nos libertés les plus chères ?..... En attendant, invoquons avec
assurance les articles de nos codes , et ne détruisons pas nous-
mêmes l'harmonie de leurs dispositions.

La forme du serment est donc prescrite par la loi.

Si l'opinion contraire devait prévaloir, de quel avantage serait-
elle en faveur du jugement que j'attaque ? L'usage devrait suppléer
au silence du législateur ; l'usage qui consacre , modifie , souvent
même abroge les lois ; l'usage qui est une loi lui-même. Le code,
il est vrai, abroge tous les usages contraires à ses dispositions ;
mais, par une conséquence naturelle, il adopte ceux qui ne sont
pas contraires. Or, si vous soutenez que le code est muet sur
la forme du serment, l'usage, quel qu'il soit, ne pourra se trouver
proscrit. On peut néanmoins dire encore que l'usage serait
abrogé s'il était contraire à l'esprit du code. La question se ré-
duira donc à savoir quel était l'usage, lors de la promulgation
du code civil, et si l'esprit de cette loi pourrait le repousser.
C'est une histoire curieuse que celle des sermens, et qui four-
nirait quelques pages d'un grand intérêt; je ne parle pas de ces
sermens dont nous avons vu naguère une critique si ingénieuse

dans un admirable plaidoyer (1), sermens aussitôt oubliés que prê-
tés, et dont le bruit confus et contradictoire retentit encore à nos
oreilles ; mais des sermens, considérés quant aux formes qu'ils
ont empruntées. Il n'est pas un saint et une sainte, pas une re-
lique, pas un membre du corps, pas un attribut de la Divinité,
qui n'ait été successivement invoqué à l'appui d'une affirmation.
Depuis que la religion chrétienne devint maîtresse dans l'empire
Romain, les nouveaux convertis jurèrent, comme s'ils fussent
restés païens ; on sourit, lorsqu'on voit le grave Justinien placer
dans son digeste la loi *Si per salutem :* « Si l'on te défère le
» serment sur ton salut, et que tu jures sur Dieu, le serment
» est nul. » Ne voilà-t-il pas une loi digne des Romains, et
ne rappelle-t-elle pas merveilleusement les poulets sacrés ? Cependant le peuple n'abandonne pas d'anciennes idées ; elles se
propagèrent de siècle en siècle ; et, dans ces temps que l'on
s'obstine, malgré l'histoire, à nous présenter comme les plus
beaux jours de la France, on connaissait encore quarante formules de serment. On jurait par St. Denis et Ste. Geneviève,
par les reliques de St. François, par le bras de St. Antoine,
par la puissance de Dieu, par sa grandeur, par la Vierge Marie,
par le patron dont on portait le nom ; on jurait sur les évangiles, sur les reliques, sur les objets consacrés, sur l'autel, sur l'eucharistie. Tout cela, comme le dit un auteur,
datait de loin et sentait l'idolatrie : *Hæc omnia redolebant paga-*
nicos mores. La sagesse des parlemens proscrivit peu-à-peu
toutes les superstitions ; la Réforme contribua puissamment à les
abolir, et lorsque les Protestans se réservèrent, par l'édit de
Nantes, le droit de ne prêter serment que la main levée, déjà,
de tous les modes anciens, il ne restait plus guères que le serment sur l'autel ou sur les évangiles. Vers le milieu du dernier

______

(1) Plaidoyer de M. Dupin pour M. *Isambert.*

siècle, tous les Français juraient en levant la main. Alors, on entendait par Français les Catholiques, jusqu'à l'édit qui rendit quelques droits aux Protestans. Enfin, la révolution chassa l'intolérance, et la religion, devenue étrangère à la politique, ne fut plus une barrière contre l'admission aux droits de citoyen. Dans les derniers jours du dix-huitième siècle, tous les Français, tous, sans exception, prêtaient serment la main levée. Le code civil parut, il ne fit aucune innovation, puisqu'il resta muet sur la forme. Ainsi, lors de la promulgation du code, l'usage était, pour tous les citoyens, tel que nous le réclamons ; la loi ne détermina pas de forme nouvelle ; l'usage fut donc adopté comme règle ; donc le serment, sous le code, doit être prêté par tous les citoyens, en levant la main, et en disant : Je le jure.

Mais l'esprit du code est-il contraire à cette réclamation ? l'usage est-il contraire aux intentions du législateur ? Avant de répondre, je ferai moi-même une question : Si le législateur n'a pas voulu adopter cet usage, quel est celui qu'il a voulu ? Reviendrons-nous à la bigoterie du quinzième siécle, ou à celle de Justinien ? Mais nos parlemens l'avaient proscrite, et vous pensez que nos Cours royales, dans le silence des législateurs, la feront revivre ! Au reste, l'histoire est là qui répondra pour nous. Une révolution terrible a ébranlé le monde dans ses vieux fondemens ; les anciennes idées ont passé le Styx, elles ne reverront plus la lumière. Le code est venu dans un temps où la superstition était pour jamais détrônée ; il a consacré ce qui existait au moment de sa promulgation ; il n'a pas déterré ce qui était enfoui sous des ruines. Enfin le code est dans nos mœurs, dans nos habitudes nouvelles ; il proscrit le privilége, il met tout de niveau, il consacre l'égalité ; toutes ses dispositions tendent à l'égalité : voilà son esprit ; l'usage qu'il trouvait établi ne pouvait contrarier sa marche. Aussi, lorsque, six ans après, le code criminel s'occupa de la forme du serment, il consacra l'usage, il en fit une loi ; l'art. 312 tranche la question.

J'ai prononcé le mot d'égalité ; il amène l'examen de ma seconde proposition.

§ II.

Soumettre un citoyen Français à une forme de serment, qui n'est pas la même pour tous, c'est violer l'égalité.

Je n'ai pas encore nommé les Juifs dans ma discussion, et déjà cependant ma tâche est bien plus facile. Je viens d'établir que la loi a prescrit la forme du serment pour tous les citoyens, que l'usage l'avait établi pour tous les citoyens ; il est reconnu que les Juifs étaient citoyens, lors de la publication du code, comme ils le sont aujourd'hui. Le code était donc pour eux, l'usage était donc pour eux. Voici cependant une doctrine qui les soumet à une forme particulière de serment ; une doctrine qui, non-seulement leur enlève un droit acquis, et attaché à leur qualité de citoyens, mais qui, même, les sépare des autres, en fait une classe à part, les signale aux magistrats, à leurs compatriotes. Tout citoyen, dit cette doctrine, lorsque le serment lui sera déféré, lèvera la main et dira : Je jure ; *excepté les Juifs*, pour lesquels il y aura un mode particulier. Voilà, Messieurs, le système de nos adversaires mis à nu. Et l'on soutient que ce système ne blesse pas l'égalité ! Comment ! je suis votre égal, lorsque vous créez une exception pour moi ? je suis votre égal, lorsque le juge peut m'ordonner une chose qu'il ne peut pas vous prescrire ? A la même heure, au même instant, un Catholique et un Protestant prêteront serment devant le juge, la main levée ; et moi, citoyen comme eux, je serai forcé, pour prêter le serment prescrit par la règle commune, de sortir du sanctuaire des lois, et d'aller dans une synagogue

faire des cérémonies! Ils jureront tous deux la main levée, et
on les croira; je voudrai jurer la main levée, et l'on me dira
qu'on ne peut me croire! Et c'est là de l'égalité entre concitoyens! C'est exagérer la chose, prétendez-vous; l'on ne songe
pas à me ravir le titre de citoyen: il est à moi comme à vous.
Eh! que faites-vous, lorsque vous mettez une différence injurieuse
entre vous et moi; lorsque, devant la loi, vous soutenez que
l'on doit ajouter foi à votre affirmation et non à la mienne,
quoique j'affirme comme vous? Qu'est-ce donc qu'un citoyen,
relativement aux autres citoyens? n'est-ce pas celui qui est soumis
aux mêmes devoirs et qui jouit des mêmes droits; celui qui n'est
ni plus ni moins que les autres, et qui est toujours comme les
autres? Oui, un citoyen doit être tellement confondu avec un
autre citoyen, tellement ressembler à un autre, (passez-moi l'ex-
pression) que, dans aucune circonstance, la loi ne puisse établir
aucune différence, l'esprit ne puisse saisir aucune nuance entre eux.
En un mot, il faut *identité absolue* entre vous et moi pour qu'il y
ait égalité; car vous et moi nous ne sommes qu'un; vous êtes
citoyen et je le suis; comment pouvons-nous différer en quelque
chose? Débattez-vous contre ces vérités, elles resteront inébranlables; l'égalité devant la loi est l'absence de toute différence
quelconque entre les individus.

Mais prenez garde, ajoute-t-on, si vous voulez être mon
égal, souffrez que je sois le vôtre. Donnez-moi les garanties que
je vous donne. Un serment ordinaire me lie, il ne vous lie pas.
C'est-à-dire que vous appuyez l'inégalité sur l'insulte. J'ai
renversé dans un premier plaidoyer cette odieuse objection; il
est pénible de la voir se reproduire dans un jugement. Habitués
que nous sommes à trouver dans la magistrature la protectrice
de tous les droits, nous avons gémi de voir qu'elle avait
accueilli une révoltante calomnie, dont la raison publique doit
faire justice. Il y a trop d'orgueil, Messieurs, dans cette prétention des sectateurs d'une religion, fondée sur la nôtre, à

vouloir être légalement meilleurs que nous. On nous écrasa pendant dix-huit cents ans, est-ce un motif pour que nous valions moins que ceux qui nous écrasèrent ? Connaissent-ils bien ce que fut le peuple Juif ceux qui le représentent dans un tel avilissement que le mensonge lui soit, en quelque sorte, naturel ? Sommes-nous donc revenus à ces jours honteux d'ignorance et de barbarie où les préjugés dominaient le monde et en chassaient la vérité ? Le malheur donne quelque chose de plus respectable aux nations comme aux individus. Manqua-t-elle de vertus cette nation éminemment hospitalière, dont la loi portait cet admirable précepte : « Traite » l'étranger comme ton frère, et souviens-toi que tu fus toi-même » étranger dans l'Egypte ? » Pensée touchante que nous applaudissons avec délices dans ce vers du poète latin : *Non ignara mali, miseris succurrere disco* ! Manqua-t-elle de vertus cette nation éminemment généreuse, dont les mains chargées de chaînes s'étendaient constamment vers la Patrie absente, et qui pleurait si noblement au sein de Babylone, ses temples renversés, ses tombeaux profanés, ses campagnes désertes ? manqua-t-elle de vertus cette nation éminemment courageuse qu'il fallut, en quelque sorte, anéantir pour la vaincre, qui s'ensevelit sous les débris de ses monumens, et ne s'humilia jamais devant le vainqueur ? N'avait-elle donc rien qui la recommandât aux yeux des peuples ? Ah ! Messieurs, sur le front des Juifs les chrétiens imprimèrent ce mot fatal : *Deïcides*, et toutes les nations s'étudièrent à les persécuter, à les proscrire, à les avilir, et, par un raffinement de cruauté, à les punir de l'avilissement où on les plongeait. Jetez les yeux en arrière. Voyez ce que furent Athènes et Sparte. La gloire des lettres et celle des armes, l'urbanité des Athéniens, la gravité des Spartiates, toutes les vertus de la liberté avaient fait place à tous les vices de la servitude. Le nom de Grec, jadis si brillant et si beau, ce nom qu'Aristide et Périclès, Phocion et Démosthène, Socrate et Platon avaient entouré d'une auréole, ce nom était aussi devenu une injure. C'est que l'esclavage et le dédain abrutissent les âmes ; mais voyez ce que produit le premier cri de liberté ! Il en est de même des Juifs. Esclaves à la chaîne , ilotes de tous les royaumes, abreuvés de mépris , comment n'auraient-ils pas dégénéré ? Mais voyez-les après trente-six ans d'une existence libre. Messieurs , il faut le dire : la vérité n'a pas besoin de voile ; vous les aviez faits ce qu'ils étaient , vous les avez faits ce qu'ils sont : vous n'êtes plus les mêmes , ils ne sont plus les mêmes ; leur changement est remarquable , le vôtre ne l'est pas moins ; vous avez senti qu'ils étaient des hommes, ils sont devenus de bons citoyens. Cessez donc de les accuser , vous prononceriez votre condamnation.

Au reste, les Juifs comme Juifs, sont liés par le serment ordinaire ; c'est l'opinion unanime de tous leurs docteurs, et la décision doctrinale des deux grands rabins du consistoire central ne laisse aucun doute.

Ici l'avocat lit cette décision , et dit ensuite :

Les Israélites sont liés par le serment simple , et comment pourrait-il en être autrement ? c'est dans la bible que cette forme de serment a été puisée. Les écrits de Moïse nous attestent que, dans les premiers âges du monde, l'homme promettait en levant la main : *Levabo manum meam ad Deum*, dit Abraham au roi de Sodome, qui lui demandait la vie : « Je jurerai, la » main levée à Dieu , que je ne toucherai à rien de ce que tu possèdes. » Et dans ce magnifique chapitre du Deutéronome où Moïse, sur le point de disparaître pour jamais aux yeux des hommes, chante les grandeurs du Dieu d'Israël, il met dans la bouche même de l'Eternel ces paroles remarquables : *Levabo ad cœlum manum meam, et dicam : Vivo ego in æternum.* « Je lèverai ma main vers le ciel, et je dirai: c'est moi qui suis » l'Eternel. » Qui pourrait douter que ce serment ne doive lier les descendans d'Abraham qui le prêtait ainsi, le peuple qui s'appela pendant quatre mille ans , peuple de Dieu, de ce même Dieu qui jurait ainsi ? Serait-ce donc à cause de sa simplicité que ce serment vous paraîtrait sans force à l'égard des Juifs? mais c'est une chose bien remarquable que l'on se plaigne encore de leur dévotion superstitieuse, et que, lorsqu'ils veulent s'en dépouiller, on les oblige à conserver des pratiques nées dans les jours de la superstition? Lorsqu'en effet, les sectateurs de la loi de Moïse furent disséminés sur toute la terre, lorsque la persécution les affligea si cruellement, à cette foi simple et majestueuse succéda l'enthousiasme que réveille toujours l'injustice. On voulait les séparer du reste du genre humain, ils élevèrent eux-mêmes la barrière : d'un bout du monde à l'autre ils s'entendirent : leur culte n'était pas même toléré, ils obligèrent à le reconnaître : ils se détournèrent de tous les usages des peuples qui les traitaient en ennemis, ils s'en créèrent qui devaient les rapprocher entre eux et raffermir leur religion. C'est surtout à relever aux yeux des hommes la puissance de leur livre sacré que s'attachèrent les descendans des patriarches. Il semblait à ces débris d'Israël qu'en faisant intervenir la gloire de leurs ancêtres et les promesses de leur Dieu, ils protégeaient en quelque sorte leur existence présente par les souvenirs du passé et les espérances de l'avenir : ils protestaient ainsi contre l'oppression, et disaient aux persécuteurs : Nous aussi, nous fûmes une grande nation, de quel droit voulez-vous nous anéantir ? Ainsi fut établi l'usage du serment sur la bible hébraïque ; et l'histoire a conservé le trait de ce juif qui, appelé devant le parlement de Paris pour y prêter serment, au lieu de lever la main, se couvrit, sortit de sa poche une bible, et, la main sur son livre, jura ce qu'on voulut : on le laissa faire. Qu'après de longues années, l'on ait pensé que les Juifs n'étaient pas liés, s'ils ne suivaient, dans le serment, des pratiques religieuses introduites par eux-mêmes, on le croira facilement, surtout lorsqu'on les représentait comme des ennemis acharnés des chrétiens, qu'ils trompaient avec joie, et dont ils crucifiaient les jeunes enfans le vendredi saint, en commémoration du supplice du Christ; mais aujourd'hui qu'on a pitié de ces accusations ridicules, dans un siècle où les belles décisions du Sanhédrin ont développé si dignement la morale et les devoirs des Israélites, c'est évidemment outrager des concitoyens, des égaux, c'est violer toutes les lois, toutes les convenances, que de maintenir un usage qui n'est qu'une perpétuelle diffamation.

Messieurs, le tribunal d'Uzès a reconnu le principe d'égalité que j'invoque, et, par un argument dont on lui saura peu de gré, il a voulu rétablir l'équilibre. Rien n'empêche, dit-il, le juge d'ordonner au Catholique de prêter serment sur les évangiles. Ont-ils bien apprécié toutes les conséquences du principe qu'ils établissent, les juges qui n'ont pas craint de le proclamer? Oui, sans doute, si vous pouvez m'imposer la bible, vous pouvez imposer l'évangile aux Catholiques; mais l'égalité doit être absolue : vous m'envoyez à la synagogue, je demande que vous envoyez le Catholique à l'église; vous voulez un rabbin pour moi, je veux un prêtre pour vous. C'est en vain que vous me direz : Je suis lié par le serment ordinaire; je vous le dis aussi, et vous ne m'écoutez pas, pourquoi vous écouterais-je? Et quand j'aurai obtenu ce que vous ne pourrez me refuser, les évangiles, l'église, le prêtre, vous ne serez pas au bout. Plusieurs tribunaux soumettent les Juifs à prêter serment sur le *sepher-tora*, les Catholiques n'ont que l'eucharistie dont la sainteté puisse nous représenter la sainteté de notre livre sacré; je demanderai donc à ces tribunaux que le Catholique prête serment sur l'eucharistie. Ce n'est pas tout : le rabbin, avant mon serment, lance l'anathême contre le parjure; je demanderai que le prêtre adresse une allocution au Catholique, et qu'il lui fasse un tableau terrible des peines qui attendent le parjure. Alors encore nous ne serons pas égaux; car votre Dieu punit le parjure sur celui qui l'a commis, et le mien le punit jusqu'à la troisième et quatrième génération. Attendez : au moment où vous allez quitter la vie, un ministre des autels, touché de votre repentir, usant de ce doux et terrible pouvoir de lier et de délier, lavera votre âme de ce péché redoutable; et moi, si je fus parjure, je mourrai, et j'attendrai pour mes enfans et pour moi la clémence du souverain juge!..... Ah! MESSIEURS, que l'on cesse de rêver l'égalité devant la loi, lorsqu'on fera intervenir la religion dans la loi.

Vous le voyez, tout s'enchaîne dans cette discussion : c'est en prouvant que le serment réclamé viole notre loi française , que je suis arrivé au principe d'égalité; c'est en prouvant que ce même serment viole l'égalité, que je suis amené à discuter sur la liberté des cultes.

§. III.

Soumettre un citoyen à une forme religieuse de serment, c'est violer la liberté des cultes.

Pour prouver que sous nos lois nouvelles on peut ordonner le serment *more judaïco*, l'on cite des lois Romaines; je parle des codes et de la Charte, on m'oppose Antonin et Justinien; l'on oublie que dix-sept cents ans nous séparent de l'un , douze cents ans de l'autre. Ainsi l'on invoque les dispositions des lois, sans égard au temps qui les vit naître; grand vice, à mon avis, que notre législation moderne a proscrit en abolissant tout ce qui, dans les règles anciennes, s'écarte de nos règles nouvelles. Justinien fut sans doute un fécond législateur, mais chaque époque a ses besoins, et les lois éternelles sont de Dieu : celles des hommes ne sauraient prétendre à tant de gloire. Pour vous convaincre en effet de l'erreur de ceux qui trouvent dans le Digeste des textes décisifs pour la question qui nous occupe, examinons ce qu'était encore le paganisme sous Antonin, ce que fut plus tard le christianisme sous Justinien. Jamais religion plus tolérante, plus aimable, si l'on peut s'exprimer ainsi, que la religion païenne; j'entends cette religion qui, des climats heureux de la Grèce, se répandit au milieu des peuples civilisés, embellie des plus riantes fictions, séduisante comme le langage des poëtes. Qui de nous, Messieurs, ne sourit de plaisir en parcourant ces rêves mythologiques dont l'âme des Grecs se nourrissait avec délices; ce Dieu créé la veille, adoré le lendemain, et qui recevait tous les attributs dont l'imagination se plaisait à le décorer! Quel charme devait avoir pour des esprits superstitieux cette religion qui associait en quelque sorte les dieux à toute la vie de l'homme et à tous les objets qui l'entouraient! Ces bois peuplés de divinités, ces eaux limpides que répandait de son urne une nymphe bienfaisante; dans une région plus élevée, ce dieu Mars qui se plaisait au carnage, et dont Minerve arrêtait les fureurs; et ce trident de Neptune dont un de nos poëtes a fait plus tard le sceptre du monde; et cette lyre d'Apollon, qui, dans la disgrâce du dieu, rendait si doux son séjour parmi les mortels; enfin cette foudre dont Phidias avait armé la main redoutable de Jupiter! Que d'attraits dans ce mélange d'idées sublimes et terrestres, qui tantôt faisaient descendre les divinités jusqu'aux hommes, tantôt faisaient monter l'homme jusqu'aux divinités! Aussi la tolérance est un des caractères distinctifs du polythéisme. Comment repousser des dieux étrangers qui ne demandaient qu'à se mêler avec une foule d'autres dieux? Les plus belles promesses allaient flatter les dieux des nations, s'ils daignaient s'établir au sein des villes qui les appelaient! Quelle solennité dans ces ambassades qui allaient gravement offrir à Cybèle, à Esculape une place dans le capitole! A Rome tous les cultes étaient confondus; les mêmes temples recevaient le Grec, le Romain, le Barbare. Mais cette religion païenne, toute pour les sens, toute livrée aux superstitions, était l'objet des railleries des hommes éclairés. Alcibiade en jouait, et faisait couper la queue de son chien , pourqu'on oubliât ses impiétés ; Cicéron ne concevait pas deux aruspices qui se regardaient sans rire; diverses sectes , surtout celle des épicuriens et des académiciens sapèrent les bases de ce pompeux édifice. C'est au temps des Antonins, que l'esprit d'irréligion fit des progrès rapides ; on peut dire avec vérité que le paganisme n'existait plus que dans les habitudes et dans les lois; mais ces habitudes et ces lois étaient pleines de toutes les superstitions , inventées pendant des siècles, et multipliées sans obstacles. J'ai dit, Messieurs, que la religion était dans les lois , et c'est maintenant surtout que j'appelle votre attention; car toute la question que je traite est ici. Une révolution qui marque le passage des temps anciens aux temps modernes s'est faite dans les lois. Autrefois on ne distinguait pas l'homme citoyen de l'homme religieux; le sujet de la loi se confondait avec l'adorateur des dieux ; la loi civile était en même temps la loi religieuse, ou plutôt la loi civile réglait tout ; le prince, législateur souverain, était aussi grand pontife. Alors on conçoit que la loi civile ait dû s'occuper de la conscience des hommes ; et comme le polythéisme , admis par les lois, incrusté, pour ainsi dire, dans les lois, recevait toutes les superstitions, l'on n'est pas surpris de ce décret d'Antonin: *Quod pro suâ superstitione juratum, standum est.* Encore une fois , la loi civile s'occupait de la religion, la religion était superstitieuse, le juge civil devait accueillir chaque superstition, il était compétent. Il en était de même chez les Juifs, où la religion et la politique étaient mêlées et confondues. Le christianisme nâquit entre les païens et les Juifs: lorsqu'enfin le miracle de la croix lumineuse l'eut porté sur le trône de Constantin, il suivit, il dut suivre la même marche. La loi religieuse et civile était toujours la même loi; le prince portait des décrets sur les matières religieuses , et prononçait en législateur. On conçoit alors encore la loi : *Si de qualitate juramenti fuerit dubitatum , in arbitrio judicis est.* La loi civile parlait, le juge civil était compétent.

Messieurs, voilà ce qu'on peut appeler *l'ancien régime* des idées religieuses. Dans notre société, telle que la révolution et la Charte l'ont faite, il y a deux personnes dans le citoyen : l'homme de la société, le sectateur d'une religion. Aussi deux règles le dirigent, l'une qui est proprement une loi, la loi civile, l'autre qui n'est réellement qu'un guide, la foi religieuse. La première trace ses devoirs et ses droits, la seconde lui prescrit des observances ; la première ne peut s'occuper de la seconde, ne doit s'en occuper, que si elle veut se mettre en contact avec la société ; la seconde ne doit jamais s'occuper de la première, parce que son empire n'est pas de ce monde. La loi civile est de l'homme, elle est pour l'homme, elle s'arrête là où commence l'empire de la religion : une limite insurmontable les sépare ; c'est le chérubin armé du glaive que Dieu plaça sur la porte d'Eden après la chûte du premier homme. Cela est si vrai, que si un citoyen enfreint la loi civile, il est puni par elle, mais que s'il viole sa foi religieuse, s'il reste par exemple sans circoncision ou sans baptême, la loi civile ne l'atteint pas. Autrefois, elle aurait pu le faire brûler, soit qu'il se fût soustrait au baptême, soit qu'il se fût soumis à la circoncision. On nous permettra de préférer le temps présent. Cette révolution dans nos lois date à-peu-près de la révolution qui détrôna le passé. On ne songeait avant 1789 qu'à soustraire le temporel au spirituel qui l'envahissait : de là cette église Gallicane, et cette déclaration de Bossuet, qui ferait presque oublier son oraison funèbre de Letellier. Jusqu'en 1791, on n'avait pas entendu cette belle parole « Entre Dieu et le » cœur de l'homme, quel gouvernement oserait se placer? » Elle passa dans la constitution de cette époque. » Nul ne doit » être inquiété pour ses opinions religieuses, pourvu qu'elles ne » troublent pas l'ordre public établi par la loi. » Dès cet instant, la séparation entre la loi et la foi ne fut plus douteuse. C'est de là qu'il faut partir pour juger la proposition que je soutiens. Bien des déclarations et des constitutions se sont succédées depuis 1791 ; aucune n'a donné à la liberté des cultes autant d'extension que la Charte. L'article 5 n'aurait pas besoin de commentaire, si la bonne foi devait seule l'interpréter. *Chacun professe sa religion avec une égale liberté, et obtient pour son culte la même protection.* Et pendant vingt-cinq ans, le principe de séparation entre la religion et la loi avait été mille fois reconnu ; tous les actes de la vie civile n'appartenaient plus qu'à la loi ; l'homme naissait, vivait et mourait citoyen, sans que la loi s'informât s'il était Catholique, Protestant ou Juif ; le clergé ne tenait plus les registres qui marquaient l'influence directe de la religion sur les citoyens ; les officiers municipaux et les greffes en étaient seuls chargés ; le mariage devenait légal par la consécration de la loi, et l'on oubliait pour toujours le concile de Trente, en ce qui regardait les droits des époux. En présence de tant de preuves, qui peut nier que la loi n'ait plus rien à faire avec la religion ? que le citoyen ne paraisse devant la loi que comme citoyen. Si vous me demandez : Etes-vous Juif ? Je vous répondrai : Mon acte de naissance prouve que je suis Français, mon acte de mariage prouve que je suis Français ; qu'avez-vous besoin de savoir si je suis Juif ? Mais vous avez un serment à prêter, et je dois connaître votre religion pour vous l'imposer de telle ou telle manière. Où donc se trouve écrite cette loi qui m'oblige à faire connaître mon culte ? La loi dit que je prêterai serment, elle veut même que ce soit en levant la main ; nulle part, elle ne me soumet à faire devant les tribunaux ma profession de foi. Entre Dieu et le cœur de chaque homme, quelle loi humaine oserait se placer ? Je suis né Juif, mais la loi qui rend libre le culte que j'ai reçu du hasard de la naissance, ne s'étend-elle pas à tout autre que ma volonté m'aura permis de choisir ? Mais vous suivez la religion de Moïse : Et quand cela serait, que vous importe ? Lorsque vous avez traité avec moi, avez-vous traité avec le Juif ou avec le citoyen ? De quel droit, à l'échéance du contrat , m'obligerez-vous à jurer comme Juif, si, lors de sa formation , vous avez contracté avec moi comme citoyen ? Mais le serment est un acte religieux et civil; comme acte civil la loi l'ordonne; comme acte religieux il doit suivre la forme adoptée par l'usage de vos corréligionnaires. Arrêtons-nous à cet argument, MESSIEURS : il mérite une discussion. Faute de s'entendre sur le mot *liberté des cultes*, on commet de graves erreurs. De ce que la loi protège les synagogues, les temples, comme les églises , on s'imagine qu'il n'y a plus rien à réclamer; on confond l'exercice extérieur des cultes avec la liberté de conscience. La liberté des cultes se compose de deux choses, du culte extérieur et du culte intérieur ; c'est ce culte intérieur qui s'appelle *religion*. Je vais tâcher de ne pas me répéter, afin que l'on joigne mes argumens à ceux de mon premier plaidoyer. La liberté des cultes c'est le droit de professer telle ou telle religion, ou de n'en professer aucune ; en d'autres termes, c'est le droit d'avoir, en matière de religion , les idées que l'on veut, et telles qu'on les veut , et de n'en rendre compte à personne. On va maintenant saisir l'importance de notre distinction entre la loi civile et la foi religieuse. J'ai prouvé que la loi civile a voulu que tous ses actes fussent independans de la religion ; de là une conséquence nécessaire, c'est qu'elle a abdiqué le droit de me demander à quelle religion j'appartiens. Ecoutez son langage : quand tu naîtras, tu seras inscrit dans les registres de l'état civil ; après quoi, tu seras baptisé ou circoncis, comme il plaira à ta famille, je n'y serai pour rien : quand tu viendras payer ta dette à la société par le mariage , tu feras célébrer par un officier que je désigne, l'union qui promet des citoyens à l'état ; après quoi, tu feras bénir ton mariage par un prêtre ou par un rabbin , je ne m'en mêlerai pas : s'il te plaît même de vivre sans la bénédiction religieuse, peu m'importe, ton mariage est bon , tes enfans seront légitimes : enfin quand la mort viendra te réclamer, on fera inscrire ton décès dans des registres purement civils ; après quoi , on fera, si l'on veut , transporter ton corps à l'église ou directement à sa dernière demeure , peu m'importe ; tu pourras même ordonner que ton corps soit enseveli sans aucune cérémonie religieuse , et ta volonté sera exécutée. Voilà, MESSIEURS, la liberté des cultes , c'est-à-dire la liberté d'avoir telle ou telle religion, telle ou telle opinion religieuse , ou même de n'en avoir aucune , ou d'en changer s'il me plaît : cette liberté s'étend au délà même de la tombe. Tout cela est entre Dieu et moi ; ma conscience n'a rien à démêler avec la loi qui ne veut pas me connaître autrement que comme citoyen. Si donc la loi ne peut et ne veut pas me demander quelle religion j'adopte , comment un individu pourra-t-il avoir plus de droit que la loi, une autre volonté que celle de la loi? Mais cependant le serment est un acte *religieux*; la loi l'ordonne, et dans ce cas, du moins, elle se mêle de la religion. Où donc est cette exception si extraordinaire à tous les principes de la loi? Dans quelle page l'a-t-elle écrite? Le code civil qui ordonne le serment sans en tracer la forme, ne saurait être invoqué à l'appui de cette exception. Le code d'instruction criminelle irait contre vous , il prescrit le mode du serment. Est-ce dans la discussion du code civil que vous irez chercher une preuve ? Elle renverse votre système. On songeait si peu à mettre des formes religieuses dans le code , que le projet portait simplement le mot : *Affirmation judiciaire*. Une observation se fit entendre : Le mot de *serment* se ait plus *respectable*; une fausse affirmation n'offre pas précisément l'idée d'un *faux serment*. Cette observation fut accueillie , mais, dit M. Malleville, *affirmation* ou *serment* c'est la même chose. Aussi a-t-on conservé le mot *affirmation* pour le maître à l'égard du domestique. Jusqu'à présent , rien qui nous indique ces formes religieuses dont vous parlez , et qui détruiraient, selon M. Favard de Langlade , toute l'économie de nos lois qui tend à une scission complète avec les actes d'un culte. On insiste : mais vous ôtez donc au serment *son caractère religieux*, *vous le privez de toute sa force.* Quoi donc? quelques cérémonies de plus ou de moins donnent-elles plus de force au serment? Citez-moi une époque de l'histoire où le serment plein de superstitions ait arrêté l'imposture et la fraude? S'il ne faut qu'un serment revêtu de cérémonies, pour chasser le mensonge de la terre, laissons de côté, sans nous en repentir, et l'égalité et la liberté des cultes; la bonne foi des gouvernans et des gouvernés, assurée par le serment, vaudrait mieux alors que toutes les constitutions. Le serment, la loyauté, l'honneur le rendent irrévocable, une momerie arrêtera-t-elle un homme sans probité? la probité n'est-elle pas elle-même la religion? Dites à Louis XI: jurez que vous ne trahissez pas le duc de Bourgogne; il jurera par tous les saints et par la bonne Vierge, et fera révolter les Liégeois; dites à Cromwel: Jurez que vous n'avez pas fait enlever Charles I.er; il vous jurera par Dieu, par les anges et les hommes; il aura joint le parjure à la déloyauté.

Mais je ne veux pas contester que le serment soit un acte *religieux*, je le crois ainsi; est-ce un motif pour que la loi vous permette de réclamer ma profession de foi? La loi réglera la forme civile, mais ne touchera pas à l'*essence religieuse* du serment, parce qu'elle n'en a pas le droit: la loi dira: Le serment vous engage devant Dieu et devant les hommes, c'est un acte *religieux et civil*, levez la main et jurez; c'est aussi ce qu'elle a fait dans l'art. 312 du code d'instruction criminelle, elle a révélé toute sa pensée. Qu'y a-t-il là qui ne soit raisonnable et conséquent? C'est le mot *religieux* qui semble un colosse dans cette discussion, et qui n'ajoute rien. Un acte religieux engage la conscience de celui qui s'y soumet; mais la religion est-elle dans la forme ou dans le fond? dans la morale ou dans les cérémonies? Vous appelez la religion à votre aide, recevez-la telle qu'elle est; gardez-vous de lui imposer telle ou telle forme, vous n'en avez pas le pouvoir, elle ne reçoit pas d'ordre de vous. Et qu'a de commun tout cet entourage superstitieux avec la religion si grande par sa majestueuse simplicité ? *Je suis l'Eternel ton Dieu qui punis le parjure et qui ne lui pardonne pas ;* voilà la parole de Dieu. Mais dans quel passage de l'Ecriture a-t-il dit : Si tu jures en levant la main, et que tu violes ton serment, tu ne seras pas parjure, il faudra, pour que tu le sois, que le serment que tu auras violé, soit prêté sur la bible, tête couverte, un rabin près de toi ? Il y a, MESSIEURS, dans cette ridicule prétention un fond d'absurdité qui révolte. Montrez-moi, dans la bible, sur le serment, quelque chose qui diffère de ce que vous trouvez dans l'évangile ou dans vos livres saints . je concevrai votre langage, et je pourrai cependant y répondre ; mais non, Dieu lève la main dans l'ancien testament, l'Ange lève la main dans l'apocalypse ; voilà bien la même forme de serment. Quatre mille cinq cents ans après Moïse, les Juifs ont adopté un serment, il faut laisser l'autre de côté ; mais prenez garde : deux cents ans après J. C., les Catholiques ont adopté un serment, pourquoi revenir pour eux au premier ? C'est que celui des Catholiques était superstitieux ; celui des Juifs l'était-il moins ? Est-il plus ridicule de prêter serment sur l'évangile que sur la bible , sur l'eucharistie que sur le sépher ? Si vous trouvez, et cela est vrai, la superstition dans le ridicule, le serment que vous m'imposez n'a-t-il pas un côté ridicule qui désespère aujourd'hui ceux à qui vous prétendez l'ordonner ? Tout cela, MESSIEURS, se réduit à la calomnie que le serment ordinaire lie les Catholiques et les Protestans, et ne lie pas les Juifs. Toute la discussion revient à cette phrase.

Mais enfin, qu'ai-je besoin de tant de concessions ? Je n'en veux faire aucune ; j'ai la loi, j'ai son texte, j'ai son esprit, j'ai la Charte, j'ai mon droit ; je le réclame, je le veux, et je le veux tout entier. Je suis autant que vous, citoyen comme vous, Français comme vous, vous m'avez adopté, le contrat passé entre vous et moi est irrévocable ; il m'impose mes devoirs, je les remplis ; il m'accorde des droits, je les aurai. Il n'est pas de puissance au monde qui ait droit de me demander compte de ma religion, ma conscience est à moi, comme la vôtre est à vous ; je ne suis pas Juif, je ne veux pas l'être, je veux être ce qu'il me plaît d'être, et nul ne saura ce que je suis. Non, vous ne le saurez pas, parce que Dieu seul est plus puissant que ma conscience ; j'ai liberté pleine et entière dans ma religion. Qu'en faites-vous de cette religion sainte, vous qui la placez, non dans le cœur, mais sur les lèvres ; vous qui courez aux églises aux heures où l'on vous remarque, et qui ne songez pas que le culte intérieur est le véritable triomphe de la Divinité ? Repoussons l'hypocrisie, Messieurs, et souvenons - nous que la superstition fait des hypocrites, ou qu'elle sert l'ignorance et le fanatisme.

Il me reste une dernière proposition à démontrer.

§. IV.

Les tribunaux sont sans pouvoir pour ordonner le serment more judaico.

A chaque pas que je fais dans cette discussion, il est facile de connaître tous les progrès de nos idées nouvelles. Qu'il était immense ce pouvoir des Parlemens auxquels vous avez succédé ! Quel avocat aurait osé placer les bornes que le Parlement ne devait pas franchir ? Sa témérité ne serait pas demeurée impunie. Et moi, cependant, je viens, devant une Cour royale, soutenir sans crainte, que son pouvoir a des limites ; et telle est l'influence des institutions appropriées aux mœurs des peuples, qu'il n'entrera dans la pensée d'aucun magistrat qu'on veuille restreindre son pouvoir en le fixant dans ses véritables bornes. Ce n'est pas tout : Vous magistrats chrétiens, vous écoutez avec bienveillance un avocat Juif, discutant de la liberté des cultes : voilà de quoi désespérer ceux qui voudraient nous faire marcher à reculons ! Poursuivons donc sans nous occuper d'eux.

C'est de la loi civile que vous tenez votre mandat , c'est dans la loi que vous cherchez vos décisions , c'est sur la loi que vous les appuyez. Si donc la loi ne vous accorde pas le droit de fixer arbitrairement la forme religieuse du serment judiciaire, vous repousserez un système qui tend à vous mettre au-dessus de la loi. Vous avez toute sa puissance, votre mission est assez grande. Cherchons donc si la loi laisse à votre volonté la forme religieuse du serment.

On trouve un texte du Digeste dont on veut faire l'application. Nous venons de prouver combien était fausse l'idée de ceux qui voulaient remettre aux juges le droit de guider les consciences ; nous avons établi la différence essentielle qui distingue nos lois nouvelles des lois anciennes. Du moment que la loi religieuse est totalement distincte de la loi civile, le juge civil est incompétent pour statuer sur les matières religieuses. S'il fallait des preuves nouvelles, nous les puiserions dans ce texte même que l'on invoque : *Si de qualitate juramenti dubitatur , in arbitrio judicantis est.* Conçoit-on que cette disposition soit applicable aujourd'hui ? Il y avait sous le paganisme mille *qualités* de sermens, depuis le Styx par lequel juraient les dieux, jusqu'à ces divinités innombrables par lesquelles juraient les hommes , le juge avait le choix, et la loi devait nécessairement s'en remettre à sa prudence. Lorsque les superstitions eurent envahi le christianisme , depuis le bras de St. Antoine et le cheveu de Jésus-Christ, jusqu'aux plus petites reliques , il y avait encore diverses *qualités* de sermens ; sans doute encore le juge avait dû conserver le même office. Mais aujourd'hui, qui osera dire qu'il y ait plusieurs qualités de sermens ? Le serment est un , c'est un acte religieux dont la nature ne peut changer ; il ne demande plus telle ou telle cérémonie, il est revenu à sa majestueuse simplicité ; c'est à ce but que tendaient les Parlemens dans les siècles où l'autorité de leur raison, unie à un pouvoir pour ainsi dire sans bornes, dominait la superstition , et la proscrivait au moins du sanctuaire de la loi , si elle ne pouvait la chasser de l'imagination des hommes. Ne croyez pas en effet, MESSIEURS, qu'un seul arrêt ait consacré jadis cette doctrine désolante qu'il faut entourer le serment de plus ou moins de cérémonies ; jamais les Parlemens ne s'emparèrent de cette loi, *Si de qualitate juramenti*, pour en faire un aussi triste usage. Tous les auteurs s'accordent à dire que les juges bannissaient les unes après les autres toutes ces momeries. C'est ainsi que s'exprime *Despeisse*. D'après les lois Romaines, dit-il, nos parlemens décident du serment qui doit être prêté, de telle sorte que, si l'on défère un serment superstitieux, ils le réduisent toujours aux formes les plus simples. Voilà comment on entendait dans des siècles moins éclairés une loi dont on se fait aujourd'hui une arme contre nous. Dans ces sentiers obscurs où se fourvoyait la faiblesse humaine, notre magistrature avait placé un fanal dont la lumière bienfaisante indiquait la route à suivre ; heureux que nous sommes en France, de pouvoir rapporter à la magistrature les bienfaits d'une civilisation que sa sagesse a si souvent provoqués ! Et c'est à elle, c'est à ceux qui représentent nos anciens parlemens, c'est à la magistrature du dix-neuvième siècle, que l'on propose de revenir à des coutumes, qu'elle aurait proscrites chez les Juifs comme chez les Chrétiens, si les Juifs sans asile, sans droits, sans cité, n'eussent présenté une barrière insurmontable à des améliorations, que la politique devait introduire avant la loi !

Nos adversaires invoquent donc vainement les textes anciens pour appuyer leur doctrine ; l'application même qu'en faisaient les juges lorsqu'ils en avaient le mandat, tourne contre eux ; et bien évidemment d'ailleurs ces anciens textes sont étrangers à nos habitudes et à nos mœurs actuelles.

Si nous cherchons maintenant dans les lois promulguées depuis la révolution, nous ne trouverons aucune disposition qui remette aux magistrats un pouvoir discrétionnaire dans une matière aussi délicate. Au moment où le code civil parut, le serment n'était qu'une simple affirmation ; la discussion au Conseil d'état ne laisse aucun doute. Le mot serment fut employé par le nouveau législateur ; mais il semble qu'il craignit lui-même de s'aventurer dans cette route périlleuse ; l'usage seul continua d'exister en présence d'une loi muette ; et, bientôt après, pour qu'on ne se méprît pas sur ses intentions, le législateur donna dans l'art. 312 du code d'instruction criminelle une formule générale de serment. Elle fut telle qu'elle ne devait alarmer aucune conscience ; et, si plus tard, la secte des Quakers, presque inaperçue dans ce royaume, a fait entendre quelques réclamations, jalouse de s'accorder avec l'esprit de la loi, la jurisprudence s'est contentée d'une affirmation en âme et conscience. Les lois qui nous régissent ne laissent donc plus à ceux qui doivent les appliquer le pouvoir que les juges avaient autrefois ; l'esprit de ces lois résiste au contraire à l'interprétation qu'on veut leur donner, et leur texte est formellement opposé à l'opinion que je combats. Aussi un argument contre lequel se brisent tous les efforts, donne à notre système une consécration légale. Toutes les fois que la loi ordonne, elle assure à ses ordres une exécution certaine et inévitable ; car, si elle ordonnait sans punir la désobéissance, la loi ne serait plus la loi. Si donc nous démontrons qu'une Cour rendrait vainement un arrêt qui prescrirait le serment *more judaico*, si nous démontrons qu'on pourrait sans rien craindre se dérober à son exécution, nous aurons démontré par là même que la loi n'a pas voulu confier à ses organes le pouvoir qu'on voudrait leur donner. Voilà peu de mois que nous soutenions qu'il dépendait d'un rabbin d'anéantir les dispositions d'un arrêt : Qu'il se refuse à prêter son ministère, disions-nous, et le serment est impossible. Pendant que nous parlions ainsi, cette supposition se réalisait. Pénétré de ses devoirs et de ses droits, le grand rabbin de Metz refusait d'obéir à une sentence illégale, et la Cour reconnaissait l'impuissance des tribunaux pour le contraindre. Croyez-vous que cette décision judiciaire ait ramené aux vrais principes ? Non : on s'est borné à dire que l'on se passerait de rabin : le moyen est tranchant , mais il fallait l'opposer avant que le digne rabin de Metz eût le premier donné ce noble exemple à ses collègues. Ne sent-on pas d'ailleurs quelle force on nous donne? Comment? vous vouliez le rabbin, il était nécessaire pour que le Juif fût lié; les tribunaux vous le refusent, et vous vous en passez!....... Au reste, d'autres obstacles s'élèvent de toutes parts : est-ce à la synagogue qu'il faudra prêter le serment? La police des synagogues n'appartient pas aux Cours royales, elle appartient à des commissaires Israélites. Les portes vous seront fermées toutes les fois que vous vous présenterez pour exercer un pareil acte d'intolérance ; car enfin ne croyez pas que nous n'userions pas de tous nos droits? Le sang Français ne coulait pas dans nos veines quand l'humiliation nous terrassait; mais aujourd'hui, les choses sont égales entre nous, et je n'ai ni moins de courage ni moins de persévérance que vous. N'importe, nous dit-on, on ne vous troublera pas dans la synagogue, c'est à l'audience que le serment sera prêté. Encore une concession que la Cour de Colmar et le Tribunal de Marseille n'avaient point admise. Mais à l'audience, pourrez-vous contraindre un Israélite à ouvrir sa bible en présence du Chrit? Quel est ce scrupule, a-t-on osé nous répliquer, vous léveriez la main en présence du Christ, et vous vous refuseriez à ouvrir la bible! Ici, Messieurs, la réponse s'arrête sur les lèvres ; elle pourrait être un blas‑phème pour moi, si elle n'était une injure pour vous : mais nous garderons le silence, ce silence même prouvera mieux que les paroles combien il est absurde de mêler la religion à la loi.

Arrivé au terme de la carrière que je devais parcourir, j'ai besoin Messieurs, de rappeler l'attention de la Cour, pendant quelques instans encore, sur les quatre propositions que je crois avoir établies. Une seule prouvée assurerait le succès de ma cause. En effet, si la loi a tracé la forme du serment, notre réclamation est fondée; si en l'absence de la loi l'usage a déterminé cette forme, notre réclamation est fondée. Elle est fondée, si l'égalité devant la loi est blessée par une exception introduite contre nous; elle est fondée, si la liberté religieuse est attaquée par le jugement que nous vous avons déféré; enfin, elle est encore fondée si la loi ne vous a pas donné le pouvoir de prononcer arbitrairement sur la forme religieuse du serment. Je ne sais si je m'abuse, mais les quatre propositions me paraissent démontrées. N'ai-je pas prouvé que la loi a tracé elle-même la forme du serment? N'ai-je pas cité le texte formel de cette loi? N'ai-je pas repoussé cette absurde prétention qui tend à isoler notre loi criminelle de notre loi civile, et à faire de chacune de nos lois une législation séparée? n'ai-je pas démontré que ce système était d'autant plus inadmissible qu'il enlevait aux juges le moyen de remplir leur fonction la plus essentielle, celle de prononcer même en cas d'insuffisance ou d'obscurité de la loi, c'est-à-dire de raisonner par analogie? Enfin, suivant jusque dans ses derniers retranchemens cette opinion erronée, ne l'ai-je pas montrée exigeant une loi spéciale pour chaque objet, et obligée de se réfuter elle-même par l'impossibilité de trouver un législateur assez prévoyant pour ne rien omettre?

Examinant ensuite les diverses formes que l'usage a successivement imposées au serment dans des temps éloignés, j'ai retracé et ces superstitions ridicules que l'ignorance avait fait naître, et que l'ignorance maintenait; et cette quantité presque innombrable de formules ou de cérémonies qui s'introduisaient à chaque instant; et cette sagesse remarquable des Parlemens qui, s'élevant au-dessus des opinions communes, faisait la guerre aux fausses idées, et triomphait des résistances par les arrêts; et ces heureux changement, dont la gloire appartient aussi à la Réforme, et qui ramena le serment à cette simplicité qui le distinguait dans l'origine. C'est ainsi que nous sommes arrivés au moment où le choc le plus violent s'éleva entre les anciennes habitudes et les mœurs nouvelles, et que nous avons vu le serment, pour tous les citoyens, réduit à cette unique formule que nous réclamons aujourd'hui. Il ne nous a pas été difficile d'établir que l'esprit de philosophie et d'égalité qui présidait à la rédaction du code civil n'avait rien de contraire à ce dernier usage, le plus digne de nos législateurs modernes, puisqu'il attestait hautement le progrès des lumières. Ma discussion était déjà bien avancée, puisque les Juifs, reconnus comme citoyens lors de la promulgation des lois qui nous régissent, ne demandent pour eux que ce qu'elles accordent aux autres citoyens. Aussi quelle foule d'argumens se présentait à nous, à mesure que nous examinions si l'égalité n'était pas blessée par une exception créée contre les Juifs seulement! le mot d'exception renfermait à lui seul la destruction de l'égalité ; il blessait ouvertement les droits des citoyens exceptés de la règle commune ; il enlevait cette identité absolue qui doit exister entre un citoyen et un autre citoyen ; il créait un privilége pour les uns, une distinction injurieuse pour les autres. C'est contre cette injure surtout que nous nous sommes fortement élevés. Vainement veut-on prétendre qu'elle ne nous ravit pas les droits de citoyens Français : elle nous ravit l'honneur, puisqu'elle suppose que nous pouvons commettre impunément un parjure, et que nos mœurs consacrent ce qu'il y a de plus infâme, le mensonge ; et dès-lors qui prétendra que nous sommes encore Français ? Chez un peuple où l'honneur est la première de toutes les vertus, qui concevra des citoyens qui peuvent outrager l'honneur, et qui se regardent comme irréprochables lorsqu'ils en ont violé les plus saintes lois ? N'est-ce donc pas nous précipiter dans l'abîme, en ayant l'air de nous tendre la main ? un Français déshonoré a perdu son titre de Français, je ne veux plus de ce titre dès que l'honneur manque. Comment pourrais-je être votre égal dès lors que vous auriez acquis le droit de me mépriser ? Qui ne sait d'ailleurs que du mépris à la persécution il n'y a qu'un pas ? vous avez

Messieurs, apprécié cette vérité, et je me suis fait un devoir de vous présenter ensuite la preuve que cette diffamation n'était point méritée; j'ai rapelé à vos souvenirs ce que fut autrefois cette nation dont vous descendez; j'ai dit les sentimens d'hospitalité, de patriotisme, de courage dont elle fut animée, et vous la montrant accablée par les persécutions, violemment repoussée par tous les peuples, j'ai dit que ce serment, que l'on veut nous imposer encore, avait pris son origine dans cette ferveur irréfléchie que la religion oppose à l'injustice; j'ai répété les énergiques protestations que ce peuple malheureux faisait vainement entendre à ses persécuteurs; et comparant les débris d'Israël aux débris de ces nations de l'antiquité dont la destinée avait été si florissante, j'ai porté votre attention sur les descendans de Miltiade et de Thémistocle, non moins avilis que les descendans de Moïse et de David, et se relevant comme nous au moment où la liberté leur apparaît. Mais c'est surtout la liberté des cultes qui doit être l'objet d'un respect profond; un peuple qui ne la possède pas dans toute son étendue, ne sera bientôt plus un peuple libre; vous démontrer que le jugement de première instance la méconnaît, c'était vous déterminer à consacrer votre propre jurisprudence. Il fallait établir cette différence immense des temps anciens aux temps modernes, pour bien comprendre en quoi consiste aujourd'hui la liberté des cultes. C'est en nous rappelant ce que fut le paganisme, que nous avons sainement apprécié cette loi d'Antonin qui accueillait toutes les superstitions : c'est en nous rappelant ce que fut le christianisme sous les empereurs romains, que nous avons sainement apprécié cette loi de Justinien qui remettait au juge le droit de prononcer sur les diverses *qualités* de sermens. Ainsi s'expliquent, par les époques où elles furent promulguées, des dispositions législatives étrangères à nos mœurs. La religion païenne et la religion chrétienne se confondaient autrefois avec les lois civiles; le prince prononçait sur toutes les matières, et les juges qu'il déléguait, recevaient de lui ce même pouvoir.

Mais de nos jours, une scission complète, un divorce nécessaire a eu lieu entre la loi et la foi, et par là tout recours aux anciens principes pour décider une question de cultes, est un contre-sens dans nos idées actuelles. L'homme est citoyen pour l'état, il n'est religieux que pour la Divinité ; la loi oblige le citoyen, elle n'a point de prise sur la religion. L'une finit où l'autre commence ; ou, si vous le voulez, elles suivent deux lignes parallèles, où toute rencontre est impossible. En vain nous dit-on que la loi serait déiste, et que le déisme mène à l'athéisme. Des phrases ne sont pas des objections : la loi est pour les hommes entre eux, la foi est entre les hommes et Dieu ; il n'y a là rien d'analogue, et la loi ne peut pas être déiste, pas plus qu'elle ne peut être catholique. L'esprit de notre législation moderne a été de séculariser nos institutions ; aussi, vous aurez facilement compris que vos pouvoirs ne s'étendent pas jusqu'à imposer une forme de serment qui gêne les idées religieuses d'un homme.

Tel est, Messsieurs, le plan que je m'étais tracé ; si le zèle le plus vif, si la conviction la plus profonde suffisaient à l'avocat, je pourrais me rendre ce témoignage que la conviction et le zèle ne m'ont pas manqué. Votre premier arrêt rendait aujourd'hui la tâche moins difficile ; puissé-je l'avoir remplie de manière à justifier votre bienveillance ! Il ne s'agit plus maintenant de nous dire : vous plaidez de brillantes théories, mais votre imagination seule en fait les frais. Les arrêts et les jugemens se succèdent. La lutte est engagée, mais la vérité triomphera. La terre tourne, et l'on en convient, quoique Galilée soit mort pour l'avoir soutenu trop tôt ; l'Amérique est découverte, et ses destinées s'agrandissent, quoique Christophe Colomb ait failli périr victime d'une entreprise jugée chimérique ; l'imprimerie répand au loin des torrens de lumière, quoique ses inventeurs aient eu besoin, pour n'être pas brûlés comme sorciers, de la protection d'un Pape, et de celle d'un Roi tel que Louis XI. Tôt ou tard la vérité prend sa place ; il est glorieux de lui ouvrir la carrière ; et, dans ce siècle , on marche vite. C'est vous, Messieurs, qui paraissez en tête des protecteurs de nos libertés les plus précieuses. En vain quelques voix dissidentes se sont élevées contre votre décision ; un assentiment presque unanime l'accueillit avec joie, les hommes de tous les cultes s'empressèrent d'applaudir à cette belle maxime d'égalité qui n'avait pas été pour les magistrats un mot vide de sens. Vous parlerai - je des transports de reconnaissance qu'elle excita au sein de cette population Israélite, de ces Français nouveaux , que vous appelâtes *vos concitoyens* ! De tous les points du Royaume me parvinrent des félicitations et des éloges que je devais à vos lumières , et l'arrêt de la Cour Royale de Nismes , émanation de la charte constitutionnelle , est chaque jour invoqué par les Israélites avec un enthousiasme difficile à dépeindre.

Que peut d'ailleurs valoir une cause dans laquelle on entend soutenir que c'est moi qui viole l'égalité , parce que j'aurais le droit de réclamer le serment *more judaico* , si je ne voulais pas prêter celui de la loi ? Vous avez entendu , Messieurs, cet argument présenté avec une force d'expressions qui s'efforçait de couvrir le vide de la chose ; mais ce droit, dont vous parlez , le Juif ne l'exerce que pour prêter le serment de la loi , de quoi vous plaignez-vous ? Il veut faire comme vous, et vous prétendez qu'il viole l'égalité qui doit régner entre vous et lui ? Vous citez l'exemple du Quaker; il se dérobe , dites-vous , au serment de la loi. Eh ! bien , il prouvé par là même que l'empire de la loi finit, là où l'empire de la religion commence. Telle est en effet la liberté des cultes bien entendue, que l'homme ne doit rien voir entre Dieu et lui ; croit-on que la majesté divine ne remplira pas dignement l'intervalle, pour si grand qu'il soit ? Laissez chacun professer sa religion avec une égale liberté ; vous serez dans la Charte, et vous ne mettrez pas la loi en opposition avec le culte. Messieurs , assez long-temps le nom sacré de la religion fut une arme meurtrière entre les mains des hommes ; la terre fut un vaste théâtre livré aux fureurs religieuses ; le sang des Païens, des Chrétiens et des Juifs l'arrosa tour-à-tour. Qu'étaient devenus ces beaux jours où l'opinion de tous les peuples frappait Cambyse de réprobation, parce qu'il avait tué le bœuf Apis ? Comment la tolérance avait-elle disparu, depuis que les religions révélées, si grandes dans leur objet, si imposantes dans leur but, avaient enfin apporté sur la terre cette pureté de morale qui relève l'homme à ses propres yeux, et lui fait un dogme de l'immortalité, premier besoin de nos âmes ? C'est que les passions humaines s'étaient emparées à leur profit des idées religieuses, et les avoient perverties. La philosophie a fait entendre sa voix ; elle a mis un terme à des calamités dont le souvenir doit être une salutaire leçon. Le temps où nous vivons se refuse au retour d'antiques idées que rêvent encore des hommes qu'il faut plaindre, puisqu'ils ne sentent pas le prix de nos institutions.

Qu'on s'y résigne enfin, et que l'on sache entendre les vérités du siècle : la religion et la philosophie sont sœurs ; il n'y a que la superstition qui redoute la philosophie ; les bûchers de l'inquisition pourront sans doute se rallumer sur une terre où la superstition marche en souveraine, mais la moindre atteinte à la conscience ne peut être à craindre dans une contrée où la philosophie a établi son empire. La philosophie admet et protège tous les cultes, elle rend hommage à toutes les religions, elle prend l'homme tel qu'il est, et dicte des lois qui répondent à nos besoins ; c'est elle qui dicta le code civil et la Charte ; c'est elle qui, repoussant les sanglantes journées de la révolution, réunit dans un seul faisceau toutes ses gloires et toutes ses conquêtes, et qui plaça en première ligne l'égalité des droits, la liberté des cultes. Dès ce moment s'évanouirent et ces distinctions qui détruisaient l'harmonie entre les citoyens, et ces superstitions qui défiguraient les religions. Ce n'est pas vous, Messieurs, qui méconnaîtrez ces immenses bienfaits du nouvel ordre des choses ; sentinelle vigilante, la magistrature est la protectrice et la gardienne de nos libertés ; pourquoi ne fut-elle pas écoutée, lorsque le vertueux Malesherbes faisait entendre ses énergiques et respectueuses protestations ? Resserrée aujourd'hui dans de plus étroites limites, elle a perdu le droit de remontrance, mais elle a ses arrêts !

J. Ad. CRÉMIEUX, *Avocat.*

Amédée BARAGNON , *Avoué.*

ARRÊT.

Attendu que le serment judiciaire est, de sa nature, un acte religieux par lequel on prend la Divinité à témoin de ce qu'on affirme ; mais qu'il n'est pas moins certain qu'il n'appartient qu'à la loi civile de déterminer les formes extérieures auxquelles elle attache ce caractère, et d'après lesquelles les tribunaux doivent l'ordonner et le reconnaître ; qu'ainsi, pour décider si l'on peut ordonner que le serment soit prêté dans la forme particulière à tel ou tel culte, la Cour doit soigneusement examiner quel est, en général, sur les formes de serment, l'état de notre législation ;

Attendu que les lois romaines invoquées par les intimés, et notamment la loi ff. *de jurejur.* au §, 1.er, expliqué par *Godefroy*, et au §. 5, décide bien qu'on peut recevoir le serment *propriâ superstitione*, à moins qu'il ne s'agisse d'une religion prohibée ; mais qu'aucune *de ces lois ne porte qu'il pourra être exigé en cette forme* ; qu'ainsi, d'après cette législation, la question reste entière sur le point à juger ; qu'au surplus, y trouvât-on des dispositions impératives, il y aurait toujours lieu d'examiner si *elles sont compatibles avec l'état actuel de notre législation* ;

Attendu qu'après des variations sans nombre sur les formes du
serment judiciaire, toujours réglées par les tribunaux, l'usage généralement admis, et notamment *depuis que l'assemblée constituante
avait proclamé la liberté en matière de religion*, était de le prêter
par ces mots : *je le jure*, en tenant la main élevée ; que les choses
étaient dans cet état, lors de la promulgation des codes civil et de
procédure civile ; que ces codes, en parlant du serment, ne lui
ayant prescrit aucune forme particulière, reconnurent, du moins d'une
manière tacite, que ce mode d'affirmation, généralement en usage,
constituait un véritable serment ; que *cette reconnaissance tacite se
trouve fortifiée d'une disposition précise du code d'instruction criminelle* : qu'en effet l'art. 312 de ce code exige formellement des jurés
le même serment et n'en exige pas d'autre ; de tout quoi on doit
conclure que, soit d'après le silence de la loi civile, comparé à
l'usage, soit d'après le texte précis de la loi en matière criminelle, il intervient un acte, un lien religieux, un véritable serment,
toutes les fois qu'on affirme dans la forme ci-dessus mentionnée ; que
celui qui l'offre en cette forme *accomplit l'obligation que la loi lui
impose*, et qu'on ne pourrait lui en imposer une autre, *sous prétexte de sa croyance religieuse*, sans se jeter dans l'arbitraire, sans
tomber dans un excès de pouvoir ;

Que s'il en était autrement, il faudrait reconnaître que les tribunaux auraient le droit d'interpeller ceux à qui le serment est imposé
sur la religion qu'ils professent ; qu'en cas de contestation sur le point
de fait, il faudrait ordonner des preuves et des enquêtes ; que, le
fait reconnu, il faudrait entrer dans des discussions théologiques pour
décider quelles sont les formes qui constituent le serment dans ce
culte particulier, quelle en est l'efficacité religieuse ; peut-être même
appeler, pour le recevoir, l'intervention d'un tiers, étranger au procès ;
ce qui serait un véritable désordre judiciaire, qui n'a pu entrer
dans la pensée de la loi, et VIOLERAIT CETTE ÉGALITÉ DE PRO
TECTION ET DE LIBERTÉ QUE LA CHARTE GARANTIT A TOUS LES
FRANÇAIS EN MATIÈRE DE RELIGION ;

Que, d'après ces diverses considérations, il est juste et sage,
conforme à la Charte, à l'étendue et à la nature des pouvoirs des

tribunaux, de n'admettre, en général, que la forme de serment légalement reconnue ; *ce qui, au surplus, ne préjuge rien pour les cas particuliers, où une croyance religieuse résisterait à ce serment, et offrirait une autre forme d'affirmation équivalente, et qui porterait avec elle le même caractère religieux;*

De tout quoi il suit qu'en imposant à l'appelant le serment *more judaico*, le tribunal est sorti des limites de la loi, et a fait un véritable grief;

Par ces motifs, après avoir entendu la défense des parties, ensemble le Procureur-Général du Roi dans ses conclusions; la Cour met l'appellation et ce dont est appel à néant; émendant, ordonne que *Jassias Vidal* prêtera serment en la forme ordinaire, fait main-levée de l'amende, condamne les intimés aux dépens, taxe réservée.

NISMES, GAUDE, IMPRIMEUR DE LA COUR ROYALE.— 1827.

www.ingramcontent.com/pod-product-compliance
Ingram Content Group UK Ltd.
Pitfield, Milton Keynes, MK11 3LW, UK
UKHW021620130726
13696UKWH00005B/1984